Kinder-
WEIHNACHTSWITZE
XXL

Witzebuch für Kinder ab 8 mit
den besten Kinderwitzen für
Weihnachten und die
Winterzeit

VORWORT

Liebe Kinder,

freut euch auf eine zauberhafte Weihnachtszeit voller Spaß und Lachen! In diesem Buch haben sich die lustigsten Weihnachtswitze versteckt, die euch die Vorfreude auf das Fest versüßen werden. Hier warten Schneemänner, die die lustigsten Dinge anstellen, Rentiere, die den größten Blödsinn machen, und natürlich der Weihnachtsmann selbst, der für jede Menge Lacher sorgt.

Wusstet ihr, dass Witze eine lange Tradition haben? Schon vor vielen, vielen Jahren haben Menschen lustige Geschichten erzählt, um einander zum Lachen zu bringen – egal, ob an kalten Wintertagen oder am prasselnden Feuer. Und wie von Zauberhand sorgen sie dafür, dass man sich gleich viel fröhlicher fühlt!

Was wäre Weihnachten ohne ein Lächeln? Lasst euch von diesen Witzen verzaubern, erzählt sie euren Freunden und der Familie, und bringt alle zum Kichern – egal ob am Kamin, unter dem Weihnachtsbaum oder beim Plätzchenbacken.

Viel Spaß beim Lesen und Lachen!

Fröhliche Weihnachten!

INHALT

KAPITEL 1:
WIE SIND WITZE ENTSTANDEN UND WIE KANN MAN SELBST WITZE SCHREIBEN?

Witze sind wie kleine Glitzersternchen, die Menschen zum Lachen bringen und die Welt ein wenig bunter machen. Lass uns gemeinsam herausfinden, wie diese lustigen Geschichten ihren Anfang genommen haben und wie ihr selbst kreativ werden könnt, um eure eigenen Witze zu schreiben!

Wie sind Witze entstanden?

Witze gibt es schon seit ganz langer Zeit! Die Menschen haben schon vor vielen Hunderten von Jahren miteinander gelacht und gescherzt. Früher, als es noch keine Fernseher oder Handys gab, haben die Menschen Geschichten erzählt und sich lustige Scherze ausgedacht, um sich gegenseitig zum Lachen zu bringen. Es war ihre Art, fröhlich zusammenzukommen und sich zu unterhalten.

Stell dir vor, wie Menschen am Lagerfeuer saßen und lustige Geschichten erzählten. Vielleicht haben sie sich auch über die komischen Dinge, die ihnen passiert sind, amüsiert. Und so wurden Witze immer wieder erzählt und weitergegeben. Manchmal wurden sie sogar in Gedichten oder Liedern versteckt, damit sie noch mehr Menschen zum Lachen bringen konnten.

Wie kann man selbst Witze schreiben?

Jetzt wird es richtig spannend: Wie kannst du selbst Witze erfinden? Es ist gar nicht so schwer! Überlege dir einfach eine lustige Situation oder ein Missgeschick, das einem Weihnachtsmann, einem Rentier oder einem Schneemann passieren könnte. Du kannst auch Wörter verdrehen oder Dinge, die eigentlich nicht zusammenpassen, in eine Geschichte packen. Lass deiner Fantasie freien Lauf, und schon hast du deinen eigenen Weihnachtswitz!

1. Denke an Dinge, die dich zum Lachen bringen. Das können alltägliche Situationen oder witzige Erlebnisse sein. Vielleicht ist dir in der Schule oder bei deinen Freunden schon etwas Lustiges passiert. Schreibe es auf und überlege, wie du es noch witziger machen kannst.

2. Witze machen oft durch Wortspiele besonders viel Spaß. Überlege dir Wörter, die sich reimen oder doppeldeutig sind. Manchmal ist es auch lustig, wenn ein Wort in einem Satz auf eine ganz andere Weise verwendet wird, als man es erwarten würde.

3. Viele Witze bestehen aus einer Frage und einer lustigen Antwort. Zum Beispiel: „Warum ging der Pilz zur Party?" – „Weil er ein „Champignon" ist!" Du kannst dir eigene Fragen ausdenken und eine überraschende oder witzige Antwort dazu finden.

4. Tiere und lustige Figuren sind oft super Ideen für Witze. Überlege dir eine witzige Situation, in der ein Tier oder eine Figur etwas Unerwartetes macht. Zum Beispiel: „Was macht ein Keks unter einem Baum?" – „Krümel!"

5. Wie bei allem gilt: Übung macht den Meister! Probiere verschiedene Witze aus und schau, welche am besten ankommen. Erzähle sie deinen Freunden oder deiner Familie und beobachte, wie sie reagieren.

EIN PAAR BEISPIELE FÜR EIGENE WITZE

1. **Warum konnte der Kalender nicht gut tanzen?**
   Weil er schon „alle Termine“ vergessen hatte!
2. **Was macht ein Pirat am Computer?**
   Er „surft“ im Internet!
3. **Warum hat der Teddybär keinen Kuchen gegessen?**
   Weil er schon „gestopft“ ist!

WIE SCHREIBT MAN EINEN WITZ? – EINE SCHRITT-FÜR-SCHRITT-ANLEITUNG FÜR KINDER

Witze sind wie kleine Zaubertricks, die uns zum Lachen bringen! Wenn du wissen möchtest, wie du selbst einen lustigen Witz schreiben kannst, folge einfach diesen einfachen Schritten. Los geht's!

Schritt 1: Finde eine lustige Idee

Überlege dir etwas, das dich zum Lachen bringt oder was dir schon einmal lustig vorkam. Das kann eine lustige Situation sein, die dir passiert ist, oder etwas, das du lustig findest, wie ein Tier oder ein Alltagsgegenstand.

Beispiel: Vielleicht findest du es komisch, wenn Tiere sprechen könnten oder wenn Dinge anders sind, als man denkt.

Schritt 2: Wähle ein Thema

Entscheide dich für ein Thema für deinen Witz. Es kann alles Mögliche sein – Tiere, Schule, Essen oder etwas, das dir gerade einfällt. Ein gutes Thema macht es einfacher, einen witzigen Gedanken zu entwickeln.

Beispiel: Tiere wie Katzen oder Hunde, die Dinge tun, die sie normalerweise nicht tun, sind ein tolles Thema!

Schritt 3: Überlege dir eine Frage

Viele Witze beginnen mit einer Frage. Überlege dir eine Frage, die auf dein Thema zutrifft. Die Frage sollte spannend und etwas überraschend sein, um die Neugier der Zuhörer zu wecken.

Beispiel: „Warum hat der Hund einen Computer?“

Schritt 4: Finde eine lustige Antwort

Die Antwort auf deine Frage sollte unerwartet und lustig sein. Sie sollte etwas völlig anderes oder überraschendes beinhalten, als man denkt. Die beste Antwort ist oft die, die ein kleines „Aha!“ auslöst.

Beispiel: „Weil er seine „Maus“ finden wollte!“

Schritt 5: Teste deinen Witz

Erzähle deinen Witz Freunden oder deiner Familie und beobachte ihre Reaktionen. Wenn sie lachen oder lächeln, dann hast du einen guten Witz geschrieben! Wenn nicht, probiere es einfach nochmal oder ändere ein paar Worte.

Beispiel: Erzähle deinen Witz und schau, ob andere ihn lustig finden. Vielleicht kannst du noch ein bisschen an der Antwort feilen, um sie noch witziger zu machen.

Schritt 6: Übe, übe, übe

Wie bei allem macht Übung den Meister. Je mehr du übst, desto besser wirst du im Witze erzählen. Versuche verschiedene Themen, Fragen und Antworten aus, und schau, was am besten funktioniert.

Beispiel: Schreibe mehrere Witze über verschiedene Themen und sieh, welche die besten Reaktionen bekommen.

Schritt 7: Lach und hab Spaß!

Der wichtigste Teil beim Witze erzählen ist, Spaß dabei zu haben! Lass dich nicht entmutigen, wenn ein Witz nicht sofort gut ankommt. Lachen macht Freude, und deine Witze können andere zum Lachen bringen.

Beispiel: Wenn du einen Witz erzählst und die anderen lachen, dann ist das ein großes Kompliment für deine Witzeschreiber-Kunst!

KAPITEL 2:
WEIHNACHTSMANN & CO.

In diesem Kapitel findest du jede Menge lustige Witze und spannende Geschichten, die dir ein breites Lächeln ins Gesicht zaubern werden. Du wirst erfahren, wie der Weihnachtsmann manchmal in lustige Situationen gerät, wie die Elfen ihre Arbeit mit vielen Scherzen verrücken und wie die Rentiere ihre eigenen, witzigen Abenteuer erleben. Mach es dir gemütlich und genieße diese fröhlichen Witze, die dir die Weihnachtszeit noch schöner machen werden. Viel Spaß beim Lachen und Schmunzeln!

Witze über den Weihnachtsmann

Der Weihnachtsmann ist in der Weihnachtszeit allgegenwärtig und sorgt mit seinem „Ho, ho, ho!“ für gute Laune. Er fliegt mit seinem Schlitten durch den Himmel und bringt Geschenke für alle Kinder. Aber auch der Weihnachtsmann hat manchmal lustige Missgeschicke und Abenteuer. In diesem Abschnitt erwarten dich Witze, die sich über den Weihnachtsmann und seine Abenteuer lustig machen. Von lustigen Fragen und Antworten bis hin zu kurzen Witzen und cleveren Wortspielen ist alles dabei, um dich zum Lachen zu bringen. Lass dich von den fröhlichen Geschichten des Weihnachtsmanns mitreißen und genieße die festliche Stimmung. Diese Witze sind perfekt, um die Weihnachtszeit noch lustiger zu machen!

LUSTIGE FRAGEN UND ANTWORTEN

Was macht der Weihnachtsmann, wenn er sich über die Liste ärgert?

Er „checkt“ sie einfach noch einmal!

Warum nimmt der Weihnachtsmann immer den Aufzug zur Werkstatt?

Weil er nicht „stufenweise“ arbeiten möchte!

Wie nennt man es, wenn der Weihnachtsmann eine Stunde zu spät ist?

„Schnellschlitten-Notfall“!

Warum spielt der Weihnachtsmann nie Verstecken?

Weil er immer „aufgetaucht“ wird!

Was sagt der Weihnachtsmann, wenn er seine Liste verliert?

„Oh Tannenbaum, was nun?“

KURZE WITZE

Wie begrüßt der Weihnachtsmann seine Elfen?

„Ho, ho, ho! Wie läuft die Arbeit, ihr kleinen Schaufel-Spezialisten?"

Was sagt der Weihnachtsmann, wenn er in der Werkstatt feststeckt?

„Ich bin im „Geschenk-Notfall"!"

Warum trägt der Weihnachtsmann immer rote Kleidung?

Damit die Geschenke nicht mit ihm „verschmelzen"!

Was macht der Weihnachtsmann im Fitnessstudio?

Er „schuftet" für die „Schlitten-Figur"!

Warum ging der Weihnachtsmann zur Schneeballschlacht?

Weil er „frostige" Konkurrenz braucht!

REIME UND WORTSPIELE

Was macht der Weihnachtsmann in der Bäckerei?

„Plätzchen backen und nicht nur für seinen Bauch!"

Warum lacht der Weihnachtsmann beim Kochen?

Weil sein „Braten" schon „Witze" kennt!

Wie nennt der Weihnachtsmann einen besonders schnellen Schlitten?

„Rasant-Rudi"!

Was sagt der Weihnachtsmann, wenn er einen Schneemann sieht?

„Du siehst aus wie ein „Frostfreund"!"

Wie feiert der Weihnachtsmann Silvester?

Mit einem „Frostknall" und einer Menge „Schnee-Party"!

Witze über die Elfen

Die Elfen sind die kleinen, fleißigen Helfer des Weihnachtsmanns und arbeiten in der bunten Werkstatt, um Geschenke vorzubereiten. Sie sind immer beschäftigt, aber das bedeutet nicht, dass sie keine lustigen Abenteuer erleben. In diesem Teil des Kapitels findest du Witze, die über die Elfen und ihre komischen Situationen in der Werkstatt lachen. Von spaßigen Scherzfragen bis hin zu witzigen Missgeschicken ist hier alles dabei, was ein Elfherz höherschlagen lässt. Diese Witze zeigen die Elfen auf eine lustige Art und machen dir bestimmt ein großes Lächeln ins Gesicht. Schau dir an, wie die Elfen ihren Alltag meistern – manchmal auf eine besonders humorvolle Weise!

SCHERZFRAGEN ÜBER DIE KLEINEN HELFER

Was machen die Elfen, wenn sie sich langweilen?

Sie „verpacken" ihre Langeweile in neue Geschenke!

Warum gehen Elfen immer zusammen einkaufen?

Weil sie sich „Elfen-Käufe" nicht alleine zutrauen!

Wie nennt man einen Elf, der gerne tanzt?

Einen „Schnellfüßigen Helfer"!

Was macht ein Elf, wenn er müde ist?

Er „macht eine Elf-Pause"!

Warum sind die Elfen so gute Köche?

Weil sie immer den „magischen Rührer" dabei haben!

KOMISCHE SITUATIONEN IN DER WERKSTATT

Warum musste der Elfe der Werkzeugkasten weggenommen werden?

Weil er sich „zu viele Späße" erlaubt hat!

Wie repariert ein Elf einen kaputten Schlitten?

Mit einem „Schlitten-Kleber" und einer Portion „Helfer-Magie"!

Was passierte, als der Elf die Weihnachtslichter aufhängte?

Er wurde zum „Lichter-Künstler" des Jahres gekürt!

Wie hilft ein Elf beim Weihnachtsbaum schmücken?

Er sorgt dafür, dass jeder „Schmuck" am richtigen Platz ist!

Warum ging der Elf zum Arzt?

Weil er sich „kleine Wehwehchen" einfing!

Witze über Rentiere

Die Rentiere sind nicht nur die Helfer des Weihnachtsmanns, sondern auch richtige Spaßvögel. Besonders Rudolf, das Rentier mit der roten Nase, ist bekannt für seine lustigen Abenteuer und Missgeschicke. In diesem Abschnitt findest du Witze über Rudolf und seine Rentierfreunde, die ihre eigenen lustigen Geschichten und Abenteuer erleben. Ob sie sich in missliche Lagen bringen oder einfach nur ihre Freunde aufheitern, die Witze zeigen die Rentiere von ihrer komischen Seite. Diese tierischen Geschichten und Witze bringen garantiert ein Lächeln auf dein Gesicht und machen die Weihnachtszeit noch fröhlicher. Lass dich von den witzigen Abenteuern der Rentiere mitreißen und genieße die heitere Stimmung!

GESCHICHTEN UND WITZE ÜBER RUDOLF UND SEINE FREUNDE

Warum durfte Rudolf nie in der Schlitten-Werkstatt helfen?

Weil er immer „Rot-weißes Chaos" anrichtete!

Wie nennt man Rentiere, die ein Duett singen?

„Hirten-Rentiere"!

Was sagte Rudolf, als er den Weihnachtsbaum sah?

„Das ist ja ein echtes „Rentier-Highlight"!"

Warum hat das Rentier den Schneemann getroffen?

Weil es auf eine „schnee-gleiche" Party gehen wollte!

Wie beruhigt Rudolf die anderen Rentiere vor dem Flug?

Mit einem „Schlitten-Entspannungsprogramm"!

TIERISCHE MISSGESCHICKE UND ABENTEUER

Warum ist das Rentier auf der Party immer der erste?

Weil es immer „flink unterwegs" ist!

Was passiert, wenn ein Rentier den Schlitten nicht bremsen kann?

Es „fliegt" in eine „schneeige" Überraschung!

Wie tröstet Rudolf das Rentier, das seinen Schlitten verloren hat?

„Keine Sorge, wir finden ihn schon, da „schlittern wir durch"!"

Was macht ein Rentier, wenn es eine Panne hat?

Es ruft den „Schlitten-Pannendienst"!

Warum war das Rentier im Zirkus so erfolgreich?

Weil es den „Rentier-Trick" draufhatte!

KAPITEL 3: WEIHNACHTSZEIT ZU HAUSE

Die Weihnachtszeit zu Hause ist voller Magie, Lachen und manchmal auch kleinen Pannen. In diesem Kapitel dreht sich alles um die fröhlichen Momente, die beim Schenken, Schmücken und Schlemmen entstehen. Von den verrückten Überraschungen unter dem Baum bis zu den chaotischen Momenten beim Festessen – diese Witze sorgen dafür, dass du während der gesamten Weihnachtszeit viel zu lachen hast. Mach es dir gemütlich und genieße die humorvollen Seiten der Weihnachtszeit in deinem Zuhause!

Witze über Geschenke

Manchmal sind die Geschenke genau das, was du dir erträumt hast, und manchmal überraschen sie dich auf ganz unerwartete Weise. Von skurrilen Wünschen, die man nur im Spaß äußert, bis hin zu Geschenken, die niemand wirklich braucht – in diesen Witzen steckt die komische Seite der Geschenke. Lache über all die verrückten Überraschungen, die Weihnachten so besonders und unvergesslich machen!

LUSTIGE GESCHENKE, DIE KEINER HABEN WILL

Wie nennt man ein Geschenk, das immer wieder zurückgegeben wird?

Ein „Rück-Geschenk"!

Wie nennt man ein Geschenk, das niemand wirklich will?

Ein „Schrott-Geschenk"!

Wie nennt man einen Kalender, den man nicht nutzen kann?

Einen „Zeit-Verschenker"!

Was macht man mit einem Geschenk, das zu groß ist?

Es wird zum „Wohnzimmer-Schnäppchen"!

Warum hat der Weihnachtsmann einen Rucksack voller Socken?

Damit er nicht „sockig". wird!

Wie nennt man ein Geschenk, das immer auf dem Tisch liegt?

Ein „Dauer-Gast"!

Warum hat der Teddybär eine Reisetasche bekommen?

Damit er seine „Kuschelnächte" überall genießen kann!

Was sagt der Weihnachtsmann, wenn er ein Geschenk auspackt?

„Das ist ja eine „Überraschung"!"

Was hat der Weihnachtsmann gesagt, als er einen Socken verschenkt hat?

„Ich hoffe, du hast „Sockengeld" auf deiner Liste!"

Wie nennt man einen unsichtbaren Weihnachtsbaum?

Ein „Luft-Geschenk"!

VERRÜCKTE WÜNSCHE UND UNERWARTETE ÜBERRASCHUNGEN

Wie nennt man ein Geschenk, das immer Schokolade ist?

Ein „Süß-Geschenk"!

Warum bekommt der Weihnachtsmann so viele Kekse?

Weil er „knusprige" Angebote liebt!

Was macht der Weihnachtsmann, wenn er ein Puzzle verschenkt hat?

Er „hofft", dass es „passt"!

Was macht man mit einem Geschenk, das immer Schokolade ist?

Man „genießt" es immer wieder!

Wie nennt man ein Geschenk, das du immer wieder findest?

Ein „Ewig-Geschenk"!

Warum hat der Weihnachtsmann einen Schlüsselanhänger verschenkt?

Weil er „Schlüssel"-Wünsche hört!

Was hat der Weihnachtsmann gesagt, als er einen Keks verschenkt hat?

„Das ist ein „Keks-Überraschung"!"

Wie nennt man ein Geschenk, das ein Rätsel ist?

Ein „Knobel-Geschenk"!

Was hat der Weihnachtsmann gemacht, als er einen Teddybär verschenkt hat?

Er hat „gekuschelt"!

Wie nennt man ein Geschenk, das keinen Sinn ergibt?

Ein „Sinn-Los-Geschenk"!

Witze über Weihnachtsbäume

Der Weihnachtsbaum ist eines der schönsten Symbole der Weihnachtszeit. Er wird geschmückt, glitzert und bringt weihnachtliche Stimmung ins Wohnzimmer. Doch manchmal gibt es beim Schmücken und Dekorieren auch die ein oder andere lustige Panne. Mach dich bereit, für Witze über Weihnachtsbäume, die zeigen, wie komisch es sein kann, wenn der Baum schief steht oder die Dekoration nicht ganz so klappt wie geplant.

SCHIEFE BÄUME UND VERLORENE KUGELN

Warum ist der Weihnachtsbaum traurig?

Weil ihm die „Kugel" fehlt!

Wie nennt man einen schiefen Weihnachtsbaum?

„Kippel-Baum"!

Wie nennt man einen Weihnachtsbaum, der immer umfällt?

„Fall-Gewicht"!

Warum haben die Kugeln den Weihnachtsbaum verlassen?

Weil sie „abgehängt" wurden!

Wie nennt man einen Weihnachtsbaum, der keinen Platz hat?

Ein „Ecke-Baum"!

Was macht der Weihnachtsbaum, wenn er keine Lichter hat?

Er „leuchtet" mit seinen eigenen „Glitzer-Sternen"!

Was sagt der Weihnachtsbaum, wenn er sich schief fühlt?

„Ich bin halt ein bisschen „schief" drauf!"

Wie nennt man einen Weihnachtsbaum, der im Dunkeln leuchtet?

Ein „Geister-Baum"!

Wie nennt man einen Weihnachtsbaum ohne Stern?

„Stern-Los"!

Warum ist der Weihnachtsbaum immer der erste im Raum?

Weil er immer „ver-glitzert"!

PROBLEME BEIM SCHMÜCKEN

Was macht der Weihnachtsbaum, wenn er die Lichter nicht findet?

Er „schmückt“ sich selber!

Was sagt der Weihnachtsbaum zur Lichterkette?

„Bleib bei mir, wir „glitzern“ zusammen!“

Wie nennt man einen Weihnachtsbaum, der kein Lametta hat?

Ein „Glitzer-Freier“!

Was macht der Weihnachtsbaum, wenn er hungrig ist?

Er „nascht“ von den „Zuckerstangen“!

Warum kann der Weihnachtsbaum nicht schlafen?

Weil er „geschmückt“ werden muss!

Witze über Weihnachtsessen

Das Weihnachtsessen ist ein großes Highlight der Feierlichkeiten, oft mit vielen köstlichen Gerichten und einer Menge Spaß. Doch auch in der Küche kann es manchmal lustig und chaotisch zugehen. Bist du bereit für zahlreiche Witze über das Weihnachtsessen, die dir zeigen, wie komisch es sein kann, wenn das Festmahl nicht ganz so perfekt wird wie geplant? Diese Witze bringen dich zum Lachen und machen das Kochen und Essen noch lustiger!

LUSTIGES ÜBER DAS FESTMAHL

Warum ist der Weihnachtsbraten immer so gesellig?

Weil er gerne „mit den Gästen" plaudert!

Wie nennt man eine brennende Weihnachtsgans?

„Feuer-Gans"!

Was sagt der Weihnachtskeks, wenn er verbrannt ist?

„Ich bin total „verkrümelt"!"

Wie nennt man ein Festmahl, bei dem das Fleisch fehlt?

Ein „Gemüse-Geschmack"!

Was macht der Weihnachtskoch, wenn der Braten überläuft?

Er „macht eine Suppe" daraus!

MISSGESCHICKE IN DER KÜCHE

Warum musste der Weihnachtsbaum aus der Küche ausziehen?

Weil er „nicht mehr kochen wollte"!

Wie nennt man einen Weihnachts-Pudding, der nicht fest wird?

Einen „Patsch-Pudding"!

Was macht der Koch, wenn die Plätzchen zu hart sind?

Er „lässt sie in der Schokolade baden"!

Was macht man, wenn die Weihnachtsgans zu trocken wird?

Man „macht eine Sauce daraus"!

Wie nennt man eine verbrannte Weihnachtskekse-Sorte?

„Schwarze Röst-Kekse"

KAPITEL 4:
WEIHNACHTEN IN DER SCHULE

Weihnachten in der Schule ist eine ganz besondere Mischung aus Festtagsfreude und witzigen Momenten. Kennst du die humorvollen Seiten von Weihnachtsaufführungen, die entspannten Schulferien und die manchmal chaotischen Vorbereitungen der Lehrer? Dieses Kapitel hält Witze bereit, die dir zeigen, wie viel Spaß und Lachen die festliche Zeit in den Schulalltag bringt. Ob lustige Pannen auf der Bühne, Ferienabenteuer oder hektische Weihnachtsvorbereitungen – hier findest du alles, um die festliche Stimmung mit einem Lächeln zu genießen!

Witze über Weihnachtsaufführungen

Die Kinder üben eifrig ihre Rollen und freuen sich auf das große Event. Doch auf der Bühne kann es manchmal zu lustigen Pannen und unerwarteten Momenten kommen. Hier erwarten dich Witze über all die lustigen Missgeschicke und kreativen Neuinterpretationen von Weihnachtsklassikern, die jede Aufführung einzigartig und unvergesslich machen. Diese Witze zeigen die witzigen Seiten der Schultheaterstücke und sorgen für ein Lächeln auf deinem Gesicht!

PANNEN UND LUSTIGE MOMENTE BEI SCHULTHE-ATERSTÜCKEN

Warum hat der Weihnachtsmann in der Schulaufführung einen Umhang getragen?

Damit er „schneller abtauchen“ konnte, wenn es schiefging!

Wie nennt man eine Weihnachtsaufführung, bei der alles schiefgeht?

„Das große „Schnee-Chaos“!

Was hat der Engel gesagt, als er seinen Text vergessen hat?

„Ich glaube, ich habe „Himmel-vergessen“!“

Warum hat der Weihnachtsbaum in der Aufführung ständig umgekippt?

Weil er „zu wenig Wurzeln geschlagen“ hat!

Wie nennt man eine Weihnachtsaufführung, bei der die Lichter ausgefallen sind?

„Das große „Dunkel-Weihnachten“!

Warum hat der Rentiere-Darsteller in der Aufführung immer den Text vertauscht?

Weil er sich „ver-irrt“ hat!

Was sagt der Regisseur, wenn das Bühnenbild zusammenbricht?

„Wir haben ein echtes „Weihnachts-Kollaps“!“

Wie nennt man einen Weihnachts-Klassiker, der in der Schule schiefgeht?

„Eine „Lustige Weihnachts-Falle“!“

Warum hat der Weihnachtsmann beim Auftritt sein Rentier verloren?

Weil es „über die Bühne galoppiert“ ist!

Wie nennt man eine Schulaufführung, bei der der Proben-Termin vergessen wurde?

„Das große „Vergessen-Weihnachten“!

KREATIVE INTERPRETATIONEN VON WEIHNACHTS-KLASSIKERN

Wie nennt man eine Weihnachts-aufführung, bei der der Weihnachtsmann plötzlich eine Piratenmütze trägt?

„Das Piraten-Weihnachtsabenteuer"!

Warum hat der Weihnachtsengel in der Aufführung plötzlich eine Gitarre gespielt?

Weil er „rockige Engel" liebt!

Wie nennt man ein Stück, in dem der Weihnachtsmann plötzlich ein Detektiv wird?

„Der „Weihnachts-Detektiv"!

Was macht der Weihnachtsmann, wenn er in der Aufführung auf einmal im Weltraum landet?

Er „flog" mit den „Sternen"!

Wie nennt man eine Aufführung, bei der der Weihnachtsbaum singt?

„Das große „Tannen-Talent"!

Witze über Weihnachtsferien

Die Weihnachtsferien sind für viele Schüler die beste Zeit des Jahres – keine Schule, viel Zeit zum Spielen und jede Menge Abenteuer. Doch auch die Ferien haben ihre eigenen lustigen Seiten, die oft zu witzigen Situationen führen. Freu dich auf jede Menge Witze, die dir die entspannte und humorvolle Seite der Ferien zeigen und für gute Laune sorgen!

SCHULFREIE ZEIT: DIE BESTEN WITZE ÜBER FAULENZEN UND FERIENABENTEUER

Was macht ein Schüler in den Weihnachtsferien am liebsten?

„Nichts tun und sich dabei „super entspannen"!

Wie nennt man einen Schüler, der während der Ferien immer schläft?

Ein „Schlummer-Schüler"!

Was sagt ein Schüler, wenn die Ferien vorbei sind?

„Ich will zurück in den „Ferien-Himmel"!

Warum sind die Ferien wie ein großes Abenteuer?

Weil man nie „weiß, was als Nächstes kommt"!

Wie nennt man das Essen in den Weihnachtsferien?

„Ein „Schlemmerfest" auf höchstem Niveau"!

Was machen Schüler, wenn es in den Ferien langweilig wird?

Sie „erfinden neue „Ferien-Spielchen“”!

Warum ist der Fernseher während der Ferien immer beschäftigt?

Weil er „Ferien-Unterhaltung” bieten muss!

Wie nennt man die Ruhe in den Ferien?

„Ein „Wohlfühl-Kurzurlaub”!

Warum sind Ferien so schnell vorbei?

Weil sie „im Flug” vergehen!

Was macht ein Schüler, wenn er in den Ferien aufräumen muss?

Er „verwandelt es in ein „Spiel”!

Witze über Lehrer und Weihnachten

Auch Lehrer sind in der Weihnachtszeit genauso beschäftigt wie ihre Schüler – sie organisieren Feste, planen Überraschungen und sorgen dafür, dass die festliche Stimmung in der Schule nicht zu kurz kommt. Doch auch sie erleben ihre ganz eigenen, oft witzigen Weihnachtsmomente. Hier findest du Witze über Lehrer im Weihnachtsfieber und die manchmal chaotischen Vorbereitungen in der Schule. Diese Geschichten zeigen, wie humorvoll die Vorweihnachtszeit auch für Lehrer sein kann – und bringen dich sicher zum Lachen!

LUSTIGE GESCHICHTEN ÜBER LEHRER IM WEIHNACHTSFIEBER

Wie bereitet sich ein Lehrer auf Weihnachten vor?

Mit einem „Lern-Plan für die Festtage"!

Was passiert, wenn der Lehrer seine Weihnachtsgeschenke vergisst?

Er wird zum „Geschenk-Such-Profi"!

Warum hat der Lehrer in der Schule einen Weihnachtshut auf?

Damit er den „Festtags-Stil" zeigen kann!

Wie nennt man einen Lehrer, der zu viele Weihnachtskarten schreibt?

Einen „Karten-Schreiber-Experten"!

Was macht der Lehrer, wenn die Schüler während der Weihnachtszeit zu laut sind?

Er „singt" ein Weihnachtslied und „stimmt" sie ein!

Warum ist der Lehrer immer so gut gelaunt, wenn es um Weihnachten geht?

Weil er „Festtags-Stimmung" verbreitet!

Wie nennt man eine Lehrerin, die den Unterricht mit Weihnachtsliedern füllt?

Eine „Weihnachts-Lieder-Expertin"!

DIE WEIHNACHTS-VORBEREITUNGEN IN DER SCHULE

Warum hat der Lehrer im Klassenzimmer einen großen Weihnachtsschlitten?

Weil er „Geschenke auf Rädern" liebt!

Wie nennt man einen Lehrer, der beim Dekorieren der Klasse Hilfe braucht?

Einen „Weihnachts-Deko-Assistenten"!

Wie bereitet sich ein Lehrer auf das große Weihnachtsfest vor?

Mit „Festtags-Planungen und vielen „Schul-Projekten"!

Warum hat der Lehrer eine riesige Weihnachtsmütze auf?

Weil er „seine Klassen ganz schön erwärmen” will!

Was macht der Lehrer, wenn der Adventskalender zu viele Fächer hat?

Er „teilt die Vorfreude auf”!

Wie nennt man den Lehrer, der beim Weihnachtsbaum-Schmücken die Lichter vergisst?

Einen „Lichtvergessener Weihnachtsbaum-Profi”!

Warum spielt der Lehrer bei der Weihnachtsfeier immer den DJ?

Weil er „den Rhythmus des Schuljahres” kennt!

Was macht der Lehrer, wenn er den Weihnachtsbaum in der Klasse aufstellt?

Er „stellt die festliche Stimmung auf”!

KAPITEL 5:
WINTERSPAß UND WEIHNACHTEN

Der Winter bringt viele freudige Momente und Abenteuer mit sich, und Weihnachten ist die perfekte Zeit, um die winterliche Magie zu genießen. Schau dir die Witze in diesem Kapitel an, denn sie drehen sich alle um den Spaß, den Schnee, Schlittenfahren und Wintersport. Von lustigen Schneemann-Geschichten bis hin zu witzigen Schlittenpannen und chaotischen Schneeballschlachten gibt es jede Menge, über das man lachen kann. Dieses Kapitel zeigt die humorvollen Seiten des Winters und sorgt dafür, dass der Winterspaß noch mehr Freude bereitet!

Witze über Schnee

Der Schnee verwandelt die Welt in ein glitzerndes Winterwunderland und bringt jede Menge Freude mit sich. Ob beim Schneemannbauen, bei Schneeballschlachten oder einfach beim Herumtollen im Schnee – der Winter hat seine ganz eigene Magie. Hier findest du Witze über die lustigsten Seiten des Schnees, von schrägen Schneemann-Abenteuern bis hin zu urkomischen Wintererlebnissen. Diese Witze fangen den humorvollen Zauber des Winters ein und machen die Schneefreuden noch vergnüglicher!

LUSTIGE SCHNEEMANN-GESCHICHTEN

Warum hat der Schneemann immer eine Karottennase?

Damit er beim „Nasenputzen" nicht friert!

Was macht der Schneemann, wenn er im Sommer durstig ist?

Er trinkt „Eiswürfel-Wasser"!

Wie nennt man einen Schneemann, der tanzen kann?

Einen „Schnee-Tänzer"!

Warum hat der Schneemann eine Mütze auf?

Damit er „nicht abkühlt"!

Was macht der Schneemann, wenn er einen Witz erzählt?

Er „lacht" sich in „Schnee"!

Wie nennt man einen Schneemann, der einen Hund hat?

Ein „Schnee-Hundefreund"!

Was sagt der Schneemann, wenn es anfängt zu schneien?

„Das wird ein „Schnee-Märchen"!"

Wie nennt man einen Schneemann, der auf der Straße steht?

Einen „Winter-Stau"!

ABENTEUER IM WINTER-WUNDERLAND

Was macht ein Schneemann, wenn er einen Berg erklimmen will?

Er „rollt" einfach den „Hügel hoch"!

Wie nennt man einen Schneemann, der auf einem Boot segelt?

Einen „Schnee-Seefahrer"!

Was macht der Schneemann, wenn er ein Geschenk auspackt?

Er „freut sich über den Schnee-Überraschung"!

Wie nennt man einen Schneemann, der ein Lied singt?

Einen „Schnee-Sänger"!

Was macht der Schneemann, wenn er sich verirrt?

Er „folgt dem Schnee-Pfad"!

Wie nennt man einen Schneemann, der in einem Zelt campen will?

Ein „Schnee-Camper"!

Warum war der Schneemann so müde nach dem Skifahren?

Weil er „zu viel Schnee-Schweiß" hatte!

Witze über Schlittenfahren

Schlittenfahren ist eines der größten Winterabenteuer und macht jede Menge Spaß. Den Hügel hinunter sausen und dabei den Wind im Gesicht spüren – das ist Winterfreude pur! Doch beim Schlittenfahren passieren manchmal lustige Dinge, und genau darum geht es in diesem Abschnitt. Freue dich auf Witze über die schnellsten Fahrten, die lustigsten Schlittenpannen und alle möglichen verrückten Rutschpartien. Diese Witze bringen dich zum Lachen und machen jede Schlittenfahrt zu einem noch größeren Abenteuer!

DIE SCHNELLSTEN (UND LUSTIGSTEN) FAHRTEN DEN HÜGEL HINUNTER

Warum hat der Schlitten einen Helm auf?

Damit er bei der „Rutschfahrt" sicher ist!

Wie nennt man einen Schlitten, der durch den Schnee fliegt?

Einen „Flug-Schlitten"!

Was sagt der Schlittenfahrer, wenn er zu schnell fährt?

„Halt dich fest, wir sind im „Schlitten-Rausch"!"

Warum ist der Schlitten immer so fröhlich?

Weil er „den besten Fahrwind" genießt!

Wie nennt man einen Schlitten, der ständig umfällt?

Einen „Kipp-Schlitten"!

Was macht der Schlittenfahrer, wenn er im Schnee stecken bleibt?

Er „lacht über die „Schlitten-Panne"!"

Wie nennt man eine Schlittenfahrt, bei der alle lachen?

Eine „Spaß-Rutsche"!

Warum fährt der Schlitten so schnell?

Weil er „die beste „Rutsch-Bahn" hat!

GESCHICHTEN VON SCHLITTENPANNEN UND RUTSCHPARTIEN

Was macht der Schlitten, wenn er einen Stopp machen muss?

Er „schnallt sich ab"!

Wie nennt man einen Schlitten, der einen Schneehügel herunterrast?

Einen „Hügel-Ritter"!

Was sagt der Schlittenfahrer, wenn der Schlitten auf dem Kopf steht?

„Wir haben den „Rückwärts-Schlitten" ausprobiert!"

Wie nennt man eine Schlittenfahrt, bei der der Schlitten springt?

Einen „Schlitten-Hüpfer"!

Warum musste der Schlittenfahrer so lachen?

Weil der Schlitten „eine ungewollte „Pirouette" gemacht hat!

Witze über Eiskunstlauf und Wintersport

Der Eiskunstlauf und andere Wintersportarten bringen nicht nur Eleganz und Fitness, sondern auch jede Menge Spaß und oft auch witzige Missgeschicke. Ob auf dem Eis, beim Schneeballschlacht oder bei anderen Winteraktivitäten – der Wintersport hat seine eigenen charmanten und humorvollen Seiten. Es gibt Witze über lustige Pannen auf dem Eis und verrückte Schneeballschlachten, die dich so richtig zum Lachen bringen werden.

LUSTIGE MISSGESCHICKE AUF DEM EIS

Was macht ein Eiskunstläufer, wenn er auf dem Eis ausrutscht?

Er „schlittert" ein bisschen herum!

Wie nennt man einen Eiskunstläufer, der immer hinfällt?

Einen „Eis-Stürmer"!

Warum trägt der Eiskunstläufer einen Helm?

Damit er „sicher auf dem Eis" tanzen kann!

Was sagt der Eiskunstläufer, wenn er einen Fehler macht?

„Das war ein „Eis-Breaker"!"

Wie nennt man eine Eiskunstlauf-Show, bei der alle fallen?

Eine „Sturz-Show"!

Was macht der Eiskunstläufer, wenn er ein neues Kunststück lernt?

Er „übt" bis er „auf dem Eis" fliegen kann!

WITZE ÜBER SCHNEE-BALLSCHLACHTEN

Wie nennt man eine Schneeballschlacht, bei der jeder lachen muss?

Eine „Lachen-Schlacht"!

Wie nennt man eine Schneeballschlacht zwischen den Schulfächern?

Eine „Mathematik-Explosion"!

Was sagt der Schneeball, bevor er geworfen wird?

„Bereit für den „Schnee-Angriff"!"

Warum hat der Schneeball immer so gute Laune?

Weil er „immer im „Schnee-Spaß" ist!

Wie nennt man den Sieger einer Schneeballschlacht?

Den „Schnee-König" oder „Schnee-Königin"!

Was macht ein Schneeball, wenn er müde ist?

Er „rollt" sich aus!

KAPITEL 6:
WEIHNACHTSMÄRKTE UND TRADITIONEN

Weihnachtsmärkte sind ein festlicher Ort, an dem man sich mit Glühwein, köstlichen Leckereien und liebevoll gestalteten Geschenken verwöhnen lassen kann. Dort erlebt man oft lustige Dinge und es gibt Traditionen, die mit der Weihnachtszeit verbunden sind. Von den chaotischen Momenten beim Stöbern auf dem Weihnachtsmarkt bis hin zu den skurrilen Missverständnissen bei internationalen Weihnachtsbräuchen gibt es viel zu lachen. Auch die beliebten Weihnachtslieder sorgen für fröhliche Stimmung, besonders wenn sie auf kreative und manchmal chaotische Weise interpretiert werden. Viel Spaß beim Entdecken der humorvollen Seiten von Weihnachtsmärkten, Weihnachtsliedern und weltweiten Traditionen!

Witze über Weihnachtsmärkte

Weihnachtsmärkte sind wie ein großes, festliches Abenteuerland, wo es überall Glühwein, Plätzchen und viele bunte Geschenke gibt. Während man durch die Stände schlendert und nach dem perfekten Geschenk sucht, passieren oft lustige Dinge, die zum Lachen einladen. In diesem Abschnitt findest du jede Menge Witze über die lustigen Momente auf dem Weihnachtsmarkt. Von verrückten Entdeckungen bis hin zu witzigen Missgeschicken beim Kaufen – diese Witze zeigen die fröhliche Seite des Weihnachtsmarktes und bringen dich garantiert zum Schmunzeln!

LUSTIGE ERLEBNISSE BEIM STÖBERN UND KAUFEN

Warum hat der Weihnachtsmarkt-Standbesitzer einen Schlitten?

Damit er „mit den Geschenken immer auf der Höhe" ist!

Wie nennt man einen Verkäufer auf dem Weihnachtsmarkt, der ständig die Preise ändert?

Einen „Preis-Künstler"!

Warum läuft der Weihnachtsmarkt-Besucher so schnell?

Weil er „alles noch vor dem Glühwein-Zelt erreichen" will!

Was sagt der Weihnachtsmarkt-Besucher, wenn er einen besonders schönen Handwerksstand sieht?

„Das ist ja ein „Handwerks-Märchen"!"

Wie nennt man einen Weihnachtsmarkt-Stand, der immer ausverkauft ist?

Einen „Kaufrausch-Stand"!

Warum ist der Weihnachtsmarkt so festlich geschmückt?

Damit „die Käufer in den Glanz des Festes eintauchen"!

Was macht der Weihnachtsmarkt-Besucher, wenn er sich in der Menschenmenge verirrt?

Er „folgt dem Duft der Bratwürste"!

Wie nennt man einen Weihnachtsmarkt, der nur aus Zuckerständen besteht?

Einen „Zuckertraum-Markt"!

GESCHICHTEN VON HEISSEN GETRÄNKEN UND LECKEREIEN

Was macht der Weihnachtsmarkt-Besucher, wenn der Glühwein zu heiß ist?

Er „bläst auf den festlichen Drink"!

Wie nennt man einen Weihnachtsmarkt-Stand, der nur heiße Schokolade verkauft?

Einen „Schokolade-Schlacht-Stand"!

Was sagt der Weihnachtsmarkt-Besucher, wenn er eine besonders scharfe Bratwurst isst?

„Das ist ein „Wurst-Wunder"!"

Warum hat der Weihnachtsmarkt-Standbesitzer immer ein Lächeln auf den Lippen?

Weil er „mit jedem Glühwein ein Stück Freude verkauft"!

Wie nennt man eine Weihnachtsmarkt-Pause, bei der man die ganzen Leckereien probiert hat?

Eine „Genuss-Schlemm-Zeit"!

Was passiert, wenn man zu viele Plätzchen auf dem Weihnachtsmarkt isst?

Man „läuft Gefahr, als „Plätzchen-König"" bezeichnet zu werden!

Wie nennt man einen Weihnachtsmarkt-Stand, bei dem es nur Stollen gibt?

Einen „Stollen-Paradies-Stand"!

Witze über Weihnachtslieder

Weihnachtslieder sind die fröhlichen Melodien, die uns zur Weihnachtszeit überall begleiten. Ob beim Singen im Chor oder beim Mitsingen zu Hause, manchmal gehen dabei auch lustige Dinge schief. Vielleicht wird ein Text falsch gesungen oder ein Lied auf eine ganz neue Art interpretiert.

KOMISCHE INTERPRETATIONEN BEKANNTER WEIHNACHTSLIEDER

Was passiert, wenn der Weihnachtsmann im Karaoke singt?

„Er wird zum „Festtags-Sänger““!

Wie nennt man ein Weihnachtslied, das im Sprechgesang vorgetragen wird?

Einen „Rhyme-Song“!

Was macht der Weihnachtsengel, wenn er einen Textfehler im Lied hat?

Er „fliegt“ mit einem „neuen Reim“ ein!

Wie nennt man einen Weihnachtsmann, der Hip-Hop-Lieder singt?

Einen „Santa-Hip-Hop"!

Was sagt der Weihnachtsmann, wenn er beim Liedtext durcheinanderkommt?

„Ich bin im „Weihnachts-Lieder-Chaos""!

Wie nennt man ein Weihnachtslied, das plötzlich zum Rap wird?

Einen „Jingle-Rap"!

Warum singt der Weihnachtsbaum immer schief?

Weil er „im „Tannenzapfen-Sound" ist!

Was passiert, wenn ein Weihnachtslied in der Disco gespielt wird?

Es wird zum „Dance-Jingle"!

LUSTIGE VERSPRECHER UND EIGENE KREATIONEN

Was sagt der Sänger, wenn er „Frosty der Schneemann" falsch singt?

„Ich hoffe, der „Schnee-Mann" wird nicht sauer!"

Wie nennt man eine selbstgemachte Version von „Stille Nacht"?

„Lauter Nacht"!

Warum ist der Weihnachtslied-Sänger so nervös?

Weil er „den Refrain nicht „festhalten" kann"!

Wie nennt man eine Weihnachtsmelodie, die aus Versehen zu laut gesungen wird?

Ein „Lautstärke-Fest"!

Was sagt der Weihnachtslied-Sänger, wenn er einen Versprecher hat?

„Das war mein „Festtags-Kreativ-Sprech““!

Wie nennt man einen Weihnachtslied-Versprecher, bei dem die Melodie in ein anderes Lied übergeht?

Einen „Melodie-Mix“!

Was passiert, wenn man beim Weihnachtslied den Text komplett vergisst?

Man singt den „Freestyle-Weihnachtssong“!

Witze über Weihnachtsbräuche weltweit

Weihnachten wird in vielen Ländern auf ganz unterschiedliche Weisen gefeiert. Jeder Ort hat seine eigenen speziellen Traditionen und Bräuche, die oft sehr lustig und spannend sind. In diesem Abschnitt findest du Witze über die verschiedenen Weihnachtsbräuche aus aller Welt. Von außergewöhnlichen Geschenken bis hin zu besonderen Festlichkeiten – diese Witze bringen dich zum Lachen und zeigen, wie die verschiedenen Kulturen ihre eigene, lustige Art haben, Weihnachten zu feiern!

WITZIGES AUS VERSCHIEDENEN KULTUREN UND LÄNDERN

Warum bringt der Weihnachtsmann in Australien Geschenke im Bikini?

Weil es dort „Sommer-Weihnachten" ist!

Wie nennt man die Weihnachtsgeschenke, die in Japan üblicherweise unter dem Tisch versteckt werden?

„Tisch-Geschenke"!

Warum tanzen die Menschen in Mexiko am Heiligen Abend um den Weihnachtsbaum?

Weil es ein „Tanzfest" unter dem Sternen-Himmel ist!

Wie nennt man den Weihnachtsmann in Finnland?

„Joulupukki", was „Rentier-Papa" bedeutet!

Was machen die Kinder in Italien, wenn sie am Heiligen Abend eine Reise machen?

Sie besuchen die „Befana", die gute Hexe, die Geschenke bringt!

Warum essen die Kinder in Schweden am Weihnachtsabend Zimtrollen?

Weil sie „Zimt-Rollen der Weihnachtsfreude" lieben!

Wie nennt man den großen Weihnachtsfesttagsmahl in Frankreich?

Ein „Gourmet-Buffet"!

LUSTIGE TRADITIONEN UND IHRE MISSVERSTÄNDNISSE

Warum stellen die Menschen in England am Weihnachtsmorgen eine große Menge Plätzchen auf den Tisch?

Weil sie „auf den Besuch des Weihnachtsmannes vorbereitet" sind!

Was passiert, wenn der Weihnachtsmann in Spanien nicht rechtzeitig ankommt?

Dann „feiern die Kinder noch eine Woche länger mit der „Drei-Königs-Fest"!

Wie nennt man das Missverständnis, wenn der Weihnachtsmann in Deutschland plötzlich einen Weihnachtsbaum aus China bringt?

Ein „Globales Weihnachts-Wunder"!

KAPITEL 7:
WEIHNACHTSWÜNSCHE UND -TRÄUME

Weihnachten ist die Zeit der Wünsche und Träume, und der Weihnachtswunschzettel ist dabei besonders wichtig. Jedes Kind träumt von den tollsten Geschenken, die der Weihnachtsmann bringen könnte. Aber was passiert, wenn die Wünsche etwas verrückt oder ungewöhnlich sind? Auch Weihnachtswunder sorgen für viel Aufregung und Spaß, denn manchmal passieren einfach magische Dinge. Und wenn das alte Jahr endet und ein neues beginnt, haben wir jede Menge lustiger Neujahrsvorsätze und Silvesterwitze, die uns ein Lächeln ins Gesicht zaubern. In diesem Kapitel gibt es viele lustige Witze über Wunschzettel, Weihnachtswunder und Neujahrswünsche – perfekte Unterhaltung für die ganze Familie!

Witze über den Weihnachtswunschzettel

Der Weihnachtswunschzettel ist der wichtigste Brief des Jahres! Hier stehen alle Wünsche und Träume, die sich Kinder für Weihnachten erhoffen. Manche Wünsche sind ganz besonders und ein bisschen verrückt. Entdecke, wie kreativ und komisch die Weihnachtswünsche sein können!

LUSTIGE UND UNGEWÖHNLICHE WÜNSCHE

Warum wollte das Mädchen ein Einhorn auf ihrem Wunschzettel?

Weil sie dachte, dass „Magie besser in Farbe ist"!

Was hat der Junge auf seinen Weihnachts-wunschzettel geschrieben, als er unbedingt einen fliegenden Teppich wollte?

„Bitte, keine Kissen – nur fliegende Träume!"

Was hat der Junge geschrieben, als er sich einen riesigen, sprechenden Teddybär wünschte?

„Ein Teddybär, der meine Hausaufgaben macht, wäre super!"

Wie nennt man einen Wunschzettel, auf dem nur Wünsche für Naschereien stehen?

Einen „Süßigkeiten-Zettel"!

Warum hat der Junge seinen Wunschzettel als Flugzeug gefaltet?

Damit „die Wünsche direkt zum Weihnachtsmann fliegen"!

WITZIGE REAKTIONEN AUF DIE WUNSCHLISTE

Was sagte die Mutter, als sie sah, dass der Wunschzettel ihrer Tochter einen riesigen Aquarium-Dino hatte?

„Wir brauchen noch mehr Platz im Wohnzimmer!"

Wie hat der Weihnachtsmann reagiert, als er einen Wunschzettel mit einem riesigen Wasserrutschenpark bekam?

„Das wird ein feucht-fröhliches Weihnachten!"

Wie reagierte der Weihnachtsmann auf einen Wunschzettel, der ein "Super-Schnell-Tretboot" verlangte?

„Das wird wohl ein Abenteuer auf dem Wasser!"

Was sagte der Weihnachtsmann, als er einen Wunschzettel fand, auf dem ein „selbst kochender Pfannkuchen" stand?

„Das wird ein leckerer Spaß!"

Wie kam der Weihnachtsmann mit einem Wunschzettel klar, auf dem nur „Kekse und noch mehr Kekse" stand?

„Kekse für alle, so weit das Auge reicht!"

Witze über Weihnachtswunder

Weihnachtswunder sind die magischen und manchmal überraschenden Ereignisse, die die festliche Zeit besonders machen. Von funkelnden Lichtern bis zu unerwarteten Geschenken – die Weihnachtszeit hält viele wunderbare und lustige Überraschungen bereit. Entdecke fantastische Witze über Weihnachtswunder und die unerwarteten Überraschungen, die den Winter besonders machen. Lass dich von den magischen und humorvollen Geschichten verzaubern!

FANTASTISCHE UND LUSTIGE GESCHICHTEN

Was passiert, wenn ein Schneemann im Sommer auftaucht?

„Er wird zum „Sonnenschein-Schneemann"!"

Wie nennt man das Weihnachtswunder, wenn die Katze plötzlich einen Weihnachtsbaum schmückt?

„Ein „Pfoten-Wunder"!"

Was geschieht, wenn ein Weihnachtswunder einen Kühlschrank in einen Geschenkeschrank verwandelt?

„Ein „Geschenkekühlschrank"!"

Wie nennt man das Wunder, wenn der Weihnachtsbaum von alleine tanzt?

„Das „Tanzende Tannenbaum-Wunder"!"

Was macht der Weihnachtsmann, wenn ein Rentier plötzlich fliegen kann?

„Es wird zum „Super-Rentier"!"

UNERWARTETE WEIHNACHTSÜBER-RASCHUNGEN

Wie nennt man das, wenn der Weihnachtsbaum in der Nacht plötzlich leuchtet?

„Das „Glitzer-Nacht-Wunder"!"

Was passiert, wenn der Weihnachtsmann aus Versehen Geschenke an den falschen Ort bringt?

„Es wird zum „Überraschungs-Geschenke-Wunderland"!"

Was ist, wenn der Weihnachtsmann plötzlich einen Regenbogen-Schlitten hat?

„Das ist „magischer Schlitten-Spaß"!"

Wie nennt man es, wenn plötzlich ein Engel in deinem Wohnzimmer singt?

„Das „Engels-Konzert"!"

Was passiert, wenn ein Geschenk aus dem Schornstein herausfliegt?

„Es wird zum „Fliegenden Weihnachtswunder"!"

Witze über Neujahrswünsche

Das neue Jahr beginnt, und mit ihm kommen viele neue Vorsätze und Ideen, wie man sich im kommenden Jahr verbessern möchte. Ob größere Träume oder kleine, lustige Ziele – die Neujahrswünsche sind oft genauso kreativ wie die Weihnachtswünsche. Außerdem gibt es jede Menge Spaß und Lachen beim Jahreswechsel. In diesem Abschnitt findest du Witze über die lustigen Neujahrsvorsätze und die besonderen Momente rund um Silvester. Schau dir an, wie fröhlich und humorvoll der Übergang ins neue Jahr sein kann!

LUSTIGE VORSÄTZE FÜR DAS NEUE JAHR

Was sagt der Junge, wenn sein Neujahrsversatz ist, mehr Gemüse zu essen?

„Ich werde „gemüse-großartig"!""

Wie nennt man einen Neujahrsversatz, der lautet „mehr lesen" und am 1. Januar bereits gestartet wird?

„Ein „Sofort-Lese-Versatz"!"

Was passiert, wenn der Neujahrsversatz lautet, weniger Fernseh zu schauen?

„Dann wird die „Fernseh-Box" zur „Bücher-Box"!"

Wie nennt man den Versatz, mehr Zeit draußen zu verbringen?

„Ein „Frischluft-Abenteuer-Versatz"!"

Was sagt der Junge, wenn sein Versatz ist, jeden Tag zu tanzen?

„Das wird eine „tanzende Neujahrsfeier"!"

WITZE ÜBER DEN JAHRE-SWECHSEL UND SILVESTER

Wie nennt man eine riesige Silvesterparty, bei der alle Gäste lachen?

„Eine „Lachende Neujahrs-Nacht"!"

Was passiert, wenn die Silvesterrakete ein großes Hallo aus dem Himmel ruft?

„Es wird zur „Raketen-Grüß-Party"!"

Wie nennt man den Moment, wenn das neue Jahr beginnt und alle auf die Uhr schauen?

„Das „Zähl-Countdown-Abenteuer"!"

Was sagt der Junge, wenn er seinen Silvesterwunsch als Luftballon aufsteigen lässt?

„Der Wunsch fliegt mit dem „Ballon-Stern" hoch!"

Wie nennt man die lustige Tradition, zu Silvester Lärm mit Töpfen und Pfannen zu machen?

„Das „Kochlöffel-Feuerwerk"!"

Was passiert, wenn die Silvesterparty ganz ohne Lärm und Feuerwerk auskommt?

„Dann gibt es eine „stille Neujahrs-Gala"!"

Wie nennt man das große Knallbonbon, das Silvester den Gästen geschenkt wird?

„Ein „Knall-Bonbon-Spaß"!"

Was macht der Junge, wenn sein Neujahrsvorsatz ist, jeden Tag ein neues Lied zu lernen?

„Er wird zum „Lieder-Superstar"!"

Wie nennt man einen Silvesterabend, bei dem alle in Pyjamas feiern?

„Eine „Pyjama-Silvester-Party"!"

Was passiert, wenn der Weihnachtsmann Silvester in einem Glitzer-Anzug feiert?

„Dann wird es ein „Glitzer-Weihnachts-Silvester"!"

KAPITEL 8:
WEIHNACHTLICHE WORTSPIELE

Weihnachten ist nicht nur eine Zeit für Geschenke und Lichter, sondern auch für jede Menge Spaß und lustige Wortspiele. In diesem Kapitel dreht sich alles um kreative und witzige Spielereien mit Worten, die die festliche Stimmung noch fröhlicher machen. Egal ob es um Reime geht, die wie kleine Weihnachtszauber wirken, oder um knifflige Zungenbrecher und Sprachspiele, die die ganze Familie herausfordern. Auch Rätsel und Denksportaufgaben dürfen nicht fehlen – sie sorgen für extra Spaß und ein bisschen Kopfzerbrechen. Viel Spaß beim Lachen und Knobeln mit diesen weihnachtlichen Wortspielen!

Reime und Schüttelreime

Weihnachtliche Reime und Schüttelreime sind wie kleine, lustige Gedichte, die die Weihnachtszeit noch fröhlicher machen. Sie sind oft so witzig, dass man nicht aufhören kann zu lachen. Hier findest du einige der besten Weihnachtsreime und Schüttelreime, die nicht nur gut klingen, sondern auch viel Spaß machen. Mach dich bereit für eine fröhliche Mischung aus witzigen Wortspielen und kreativen Kombinationen von Weihnachtsbegriffen!

Wie nennt man einen Weihnachtsbaum, der auf einer Wiese steht?

Einen „Tannen-Wannen"!

Was macht der Weihnachtsmann, wenn er zu viele Geschenke in der Tasche hat?

Er hat „Geschenkewirrwarr"!

Wie wünscht der Weihnachtsmann den Rentieren frohe Weihnachten?

Mit „Rudolf-Glück und Rentier-Kick"!

Was singt der Schneemann beim Weihnachtskonzert?

„Schneeweiß-Raps und Glitzer-Jazz"!

Was sagt der Weihnachtsstern, wenn er sich freut?

„Glitzer, Glitzer, überall, es ist Weihnachtsfest total"!

KREATIVE KOMBINATIONEN VON WEIHNACHTS-BEGRIFFE

Wie nennt man einen Bären, der zu Weihnachten Plätzchen backt?

Einen „Keksbären"!

Wie nennt man einen Weihnachtspudding, der immer tanzt?

Einen „Tanz-Pudding"!

Was macht der Weihnachtsengel, wenn er einen Lacher hat?

„Flügel-Falten"!

Wie nennt man einen lustigen Weihnachtsbaum?

Einen „Schmunzel-Tannenbaum"!

Was sagt der Weihnachtsmann, wenn er einen besonders großen Sack trägt?

„Das ist der „Mega-Geschenk-Sack"!"

Zungenbrecher und Sprachspiele

Zungenbrecher und Sprachspiele sind wie ein lustiges Workout für die Zunge! Sie helfen, die Sprache auf witzige Weise zu trainieren und bringen viele Lacher. Die folgenden Zungenbrecher und Sprachspiele rund um Weihnachten sind nicht nur knifflig, sondern auch super spaßig. Viel Spaß beim Ausprobieren und Lachen!

WEIHNACHTSZUNGENBRECHER FÜR MUTIGE KINDER

Weihnachtswichtel wischen Wichtel-Wichtel-Wäsche.

„Wie viele Wichtel-Wäsche wischen Weihnachtswichtel?"

Frostige Frösche fressen frische Frühlingsfrüchte.

„Kannst du die frohen Frösche fröhlich fressen lassen?"

Rudolf, der rote Rentier-Ritter, reitet rasant rund um den Weihnachtsmarkt.

„Wie rasant reitet Rudolf rund um den Weihnachtsmarkt?"

Schnelle Schneemänner schleudern schneebedeckte Schaufeln.

„Wie schnell schleudern Schneemänner schneebedeckte Schaufeln?"

Glitzernde Glaskugeln glänzen glanzvoll am Weihnachtsbaum.

„Wie glanzvoll glänzen Glaskugeln am Baum?"

SPRACHSPIELE RUND UM WEIHNACHTEN

Wenn ein Weihnachtsstern strahlt, strahlen dann auch die Sterne am Himmel?

„Weihnachtssternstrahlen-Himmelsternsprühen!"

Wie viele Schlitten-Schlittenfahrer fahren auf einem Schlitten-Schlitten?

„Fahren Schlittenfahrer oder Schlitten-Fahrer Schlitten?"

Wie viele Zimtsterne zählst du, wenn du auf Zimtsterne zählst?

Zählst du die Zimtsterne oder die Zimtstern-Zähler?"

Welches Weihnachtswichtel-Wichteln ist das witzigste?

„Witz-Wichtel-Wichteln-Witz oder Wichtel-Witz-Wichteln-Witz?"

Wenn ein Schneemann schmilzt, wie viel Schnee schmilzt dann?

„Schneemann-Schmelz-Schnell-Schnee!"

Rätsel und Denksportaufgaben

Weihnachtliche Rätsel und Denksportaufgaben sind wie ein kleines Abenteuer für den Kopf! Sie helfen dabei, Rätsel zu lösen und neue Dinge zu entdecken, während man gleichzeitig eine Menge Spaß hat. Hier findest du einige lustige und knifflige Weihnachtsrätsel, die dich zum Lachen und Überlegen bringen werden. Viel Spaß beim Knobeln!

WEIHNACHTLICHE DENKSPORT-AUFGABEN UND RÄTSEL

Was bekommt man, wenn man einen Weihnachtsbaum mit einem Kuchen vergleicht?

„Einen Tannen-Kuchen!"

Wie nennt man die festliche Nacht, in der der Weihnachtsmann kommt?

„Die „Hohoho-Nacht"!"

Welches Tier bringt die Geschenke in der Nacht?

„Der „Geschenk-Rentier-Nacht-Express"!"

Was hat der Weihnachtsmann immer dabei, um Geschenke zu bringen?

„Ein „Geschenk-Sack-Wunder"!"

Warum können Weihnachtskekse so gut tanzen?

„Weil sie „Keks-Kombo-Rhythmen" haben!"

LUSTIGE UND KNIFFLIGE HERAUSFORDERUNGEN

Was ist der Unterschied zwischen einem Weihnachtsbaum und einem Weihnachtskeks?

„Der Baum ist „zweigebunden" und der Keks ist „krümelgebunden"!"

Wie nennt man ein fliegendes Geschenk, das zu Weihnachten im Himmel tanzt?

„Ein „Himmelstänzer-Geschenk"!"

Was braucht man, um eine perfekte Schneeballschlacht zu machen?

„Ganz viele „Schnee-Bälle und Spaß-Kugeln"!"

Welches Weihnachtslied kann man am besten beim Singen von Keksen hören?

„Das „Keks-Klingel-Lied"!"

Warum sind Weihnachtssterne so gute Freunde?

„Weil sie immer „glänzen und zusammenhalten"!"

KAPITEL 9:
WEIHNACHTEN UND DIE FAMILIE

Weihnachten ist eine besondere Zeit, die oft mit der Familie gefeiert wird. Doch gerade bei großen Familientreffen kann es manchmal ganz schön chaotisch werden! In diesem Kapitel dreht sich alles um die lustigen Missgeschicke und typischen Streitigkeiten, die bei Familientreffen vorkommen können. Auch die verschiedenen Familienmitglieder und ihre ganz eigenen Eigenheiten sind ein großes Thema – vom verrückten Onkel bis zur strengen Tante. Außerdem gibt es jede Menge witzige Geschichten über ungewöhnliche Geschenke und kuriose Familientraditionen. Viel Spaß beim Lachen über all die kleinen und großen Familienabenteuer während der Weihnachtszeit!

Witze über Familienfeiern

Familienfeiern zur Weihnachtszeit können ganz schön turbulent werden! Von überdimensionalen Weihnachtsbäumen, die nicht durch die Tür passen, bis hin zu chaotischen Geschenken und Missgeschicken beim Weihnachtsessen – bei großen Familientreffen ist immer etwas los. In diesem Abschnitt findest du lustige Witze über die skurrilsten und chaotischsten Momente, die bei Familientreffen vorkommen können. Ob bei der Geschenkeübergabe oder dem Weihnachtsessen, hier gibt es jede Menge zu lachen!

LUSTIGE MISSGESCHICKE BEI FAMILIEN-TREFFEN

Warum ist der Weihnachtsbaum beim Familientreffen nie richtig im Stand?

Weil er immer „mit den Geschenken wackelt"!

Was passierte, als der Weihnachtsbaum zu groß war, um durch die Tür zu passen?

„Die ganze Familie musste ihn durch das Fenster schmücken!"

Wie nennt man einen Weihnachtsabend, bei dem der Hund die Geschenke aufreißt, bevor die Familie es merkt?

„Ein „Geschenk-Schnüffel-Abenteuer"!"

Was passiert, wenn die Familie beim Weihnachtsessen einen riesigen Truthahn zubereitet?

„Der Truthahn wird zur „Weihnachts-Riesenfest-Mahlzeit"!"

Wie nennt man den Moment, wenn die Familie sich streitet, wer das letzte Stück Kuchen bekommt?

„Das „Kuchen-Kampf-Spektakel"!"

TYPISCHE FAMILIENSTRE-ITIGKEITEN ZUR WEIHNACHTSZEIT

Warum streiten sich die Familienmitglieder beim Auspacken der Geschenke?

Weil jeder „das letzte Geschenk zuerst öffnen" möchte!

Was passiert, wenn die Familie sich beim Weihnachtslied-Singen nicht einig wird?

„Es wird zum „Lieder-Streit-Song-Festival"!"

Wie nennt man den Streit darüber, wer beim Weihnachtsessen den letzten Keks bekommt?

„Das „Keks-Krümel-Gefecht"!"

Was passiert, wenn sich die Familie über das beste Weihnachtslied streitet?

„Dann gibt es eine „Lieder-Diskussions-Weihnachts-Party"!"

Wie nennt man den chaotischen Versuch, den Weihnachtsbaum zu schmücken, wenn alle gleichzeitig dran sind?

„Das „Schmück-Massaker"!"

Witze über Familienmitglieder

Jede Familie hat ihre ganz eigenen, einzigartigen Charaktere – vom verrückten Onkel bis zur strengen Tante. Diese besonderen Persönlichkeiten sorgen oft für die besten Geschichten und lustigsten Situationen. In diesem Abschnitt findest du witzige Anekdoten über die verschiedenen Familienmitglieder und ihre Eigenheiten. Außerdem gibt es humorvolle Geschichten über die ungewöhnlichsten und lustigsten Geschenke, die man von Verwandten bekommen kann. Freu dich auf jede Menge Lachen über deine eigenen Familienmitglieder und deren verrückte Geschenke!

LUSTIGE ANEKDOTEN ÜBER DIE VERWANDTSCHAFT

Warum bringt der verrückte Onkel immer die lustigsten Geschenke?

„Weil er denkt, der Weihnachtsmann „muss auch lachen"!"

Wie nennt man die Tante, die immer den größten Kuchen bäckt?

„Die „Kuchen-Königin" der Familie"!

Was macht der strenge Onkel beim Weihnachtsessen, wenn er sieht, dass jemand zu viel auf den Teller nimmt?

„Er wird zum „Portions-Prüfer"!"

Warum ist die Oma die beste Weihnachtsbäckerin?

„Weil ihre Kekse „Magie" enthalten – und vielleicht auch ein bisschen Schokolade!"

Wie nennt man den Cousin, der immer die verrücktesten Weihnachtsgeschichten erzählt?

„Den „Geschichten-Guru" der Feiertage"!

WITZIGE GESCHENKE VON FAMILIENMIT-GLIEDERN

Was sagte die Familie, als sie einen selbst gestrickten Schal von der Tante bekam, der so groß ist, dass man ihn als Decke nutzen könnte?

„Danke für die „Schal-Decke"!"

Wie nennt man das Geschenk, das die Cousine immer bringt, weil sie denkt, es sei das Beste?

„Die „Überraschungs-Schachtel"!"

Warum sind die selbstgemachten Weihnachtskarten der Oma immer so besonders?

„Weil sie „Gute-Laune-Glitzer" enthalten"!

Wie nennt man das Geschenk, das der Onkel schenkt, weil er keinen Platz mehr für seine Sammlung hatte?

„Das „Kisten-Geschenk"!"

Was sagt die Familie, wenn der Papa ein Weihnachtsgeschenk mit dem Aufdruck „Selbstgemacht" bringt, das eher wie ein Kunstwerk aussieht?

„Es ist „Weihnachts-Kunst"!"

Witze über Familientraditionen

Jede Familie hat ihre eigenen besonderen Traditionen, die Weihnachten einzigartig machen. Manchmal können diese Traditionen ganz schön kurios sein oder zu lustigen Missverständnissen führen. In diesem Abschnitt gibt es witzige Beschreibungen und Geschichten über ungewöhnliche Familientraditionen und die komischen Missgeschicke, die dabei passieren können. Von verrückten Weihnachtsritualen bis hin zu misslungenen Traditionen – hier gibt es jede Menge zu lachen und zu schmunzeln!

KURIOSITÄTEN BEI WEIHNACHTS-RITUALEN

Wie nennt man den alljährlichen Wettbewerb, wer den Weihnachtsbaum am schnellsten schmückt?

„Den „Schmück-Raserei-Wettbewerb"!"

Was passiert bei der Familientradition des „Tannenbaum-Pantomime-Spiels"?

„Jeder versucht, „als Baum" die besten Pantomime-Moves zu machen!"

Wie nennt man die Tradition, bei der die Familie in der Küche eine riesige Menge Plätzchen backt?

„Die „Plätzchen-Produktion"!"

Was macht die Familie, wenn sie beim Weihnachtsessen immer den gleichen Witz erzählt?

„Es wird zum „Jahres-Witz-Klassiker"!"

Wie nennt man die Tradition, bei der alle Familienmitglieder ihre verrücktesten Weihnachtspullover tragen?

„Das „Pullover-Parade-Spektakel"!"

MISSVERSTÄNDNISSE BEI TRADITIONELLEN AKTIVITÄTEN

Was passiert, wenn die Familie die Zutaten für die Weihnachtsplätzchen vertauscht?

„Dann gibt es „Plätzchen-Mix-Up"!"

Wie nennt man den Fehler, wenn die Weihnachtsbaumlichter in der falschen Reihenfolge aufgestellt werden?

„Das „Lichter-Chaos"!"

Was passiert, wenn beim Weihnachtsgeschenke-Verpacken die Bänder alle verknoten?

„Es wird zur „Geschenk-Band-Gala"!"

Wie nennt man die Weihnachts-Tradition, bei der die Familie versucht, die komplizierteste Plätzchenform zu backen?

„Die „Form-Verrücktheit"!"

Was passiert, wenn die Familie beim Weihnachtsbaum-Schmücken die Zuckerstangen als Dekoration aufhängt?

„Es wird zum „Zuckerstangen-Baum"!"

BONUS-KAPITEL

GLOSSAR

In diesem Buch über Witze und Spaß gibt es einige Begriffe, die vielleicht neu für dich sind. Hier findest du einfache Erklärungen zu diesen Begriffen, damit du noch mehr Freude beim Witze-Erzählen hast!

- **Wortspiel**: Ein Witz, bei dem mit den Bedeutungen oder der Aussprache von Wörtern gespielt wird. Zum Beispiel: „Warum können Geister so schlecht lügen? Weil man durch sie hindurchsehen kann!“
- **Zungenbrecher**: Ein Satz oder eine Serie von Wörtern, die schwer auszusprechen sind, besonders wenn man sie schnell sagt. Zum Beispiel: „Blaukraut bleibt Blaukraut und Brautkleid bleibt Brautkleid.“
- **Kalauer**: Ein einfacher, oft schon etwas abgedroschener Witz, der meistens durch Wortspiele lustig wird. Beispiel: „Was macht ein Pirat am Computer? Er drückt die Enter-Taste!“
- **Schwank**: Ein kurzer, humorvoller Text oder eine Geschichte, die lustige Begebenheiten beschreibt. Sie sind oft erfunden und sollen zum Lachen bringen.
- **Witz**: Eine kurze, lustige Aussage oder Geschichte, die darauf abzielt, Leute zum Lachen zu bringen. Zum Beispiel: „Warum können Geister so schlecht lügen? Weil man durch sie hindurchsehen kann!“
- **Joke**: Ein englisches Wort für Witz. Oft werden Witze, die in Englisch erzählt werden, als „Jokes“ bezeichnet.
- **Pointe**: Der überraschende oder lustige Teil eines Witzes, der den Humor liefert. Zum Beispiel in einem Witz über einen Hund, der ins Restaurant geht, ist die Pointe, warum der Hund dort ist.

- **Lacher**: Das Geräusch oder die Reaktion, die entsteht, wenn jemand über einen Witz lacht. Die beste Bestätigung für einen guten Witz ist ein herzlicher Lacher!
- **Reim**: Ein Witz oder ein Vers, bei dem am Ende der Zeilen Wörter verwendet werden, die gleich klingen. Zum Beispiel: „Warum hat der Teddybär keinen Kuchen gegessen? Weil er schon gestopft ist!“
- **Clown**: Eine Person, die durch lustige Kleidung und Aktionen versucht, andere zum Lachen zu bringen. Clowns sind oft in Zirkussen oder bei Kindergeburtstagen zu sehen.
- **Gag**: Ein kurzer, oft visuell lustiger Witz oder Trick. Zum Beispiel: Eine Person zieht einen falschen Fisch aus der Tasche, um Freunde zum Lachen zu bringen.
- **Humor**: Die Fähigkeit, lustige Dinge zu erkennen und andere zum Lachen zu bringen. Jeder hat seinen eigenen Humor, und das macht das Erzählen von Witzen so vielfältig!
- **Lustig**: Ein Adjektiv, das beschreibt, wie etwas wirkt, wenn es einen zum Lachen bringt. Zum Beispiel kann ein guter Witz als „lustig“ bezeichnet werden.
- **Komik**: Die Kunst, Menschen zum Lachen zu bringen, oft durch Schauspiel, Wortspiele oder lustige Geschichten. Komik kann auch in Büchern, Filmen und Shows vorkommen.
- **Satire**: Ein Witz oder eine Geschichte, die durch Übertreibung und Spott auf bestimmte Dinge oder Menschen aufmerksam macht. Oft wird Satire verwendet, um über ernste Themen auf humorvolle Weise zu sprechen.
- **Parodie**: Eine humorvolle Nachahmung oder Übertreibung von etwas Bekannten, oft in der Form von Geschichten, Gedichten oder Filmen. Eine Parodie macht sich über das Original lustig.
- **Sketch**: Ein kurzer humorvoller Szenenwechsel oder eine Komödie, die oft in Theatern oder Shows aufgeführt wird.

Sketche sind eine Art von Komödie, die auf lustigen Situationen basiert.

- **Humorvoll**: Ein Adjektiv, das beschreibt, wie etwas ist, wenn es auf lustige oder unterhaltsame Weise präsentiert wird. Zum Beispiel kann eine Geschichte „humorvoll" sein, wenn sie dich zum Lachen bringt.

- **Ironie**: Wenn etwas gesagt wird, aber das Gegenteil gemeint ist, um humorvoll oder kritisch zu wirken. Zum Beispiel: „Es ist ja so schön, im Regen spazieren zu gehen", wenn man eigentlich nass und kalt ist.

- **Slapstick**: Ein physischer Humor, der durch übertriebene und oft ungeschickte Aktionen entsteht. Zum Beispiel: Jemand stolpert über einen Haufen Kissen und fällt auf den Boden – das ist Slapstick-Humor.

- **Witz-Kollage**: Eine Sammlung von verschiedenen Witzen, die zusammen eine lustige Geschichte oder eine Reihe von lustigen Situationen bilden. Es ist wie ein „Witz-Mix", der viele verschiedene Arten von Humor kombiniert.

- **Fabel**: Eine kurze, lehrreiche Geschichte, oft mit Tieren als Hauptfiguren, die eine moralische Lektion enthält. Fabeln sind oft lustig, aber auch lehrreich.

- **Charakterwitz**: Ein Witz, der sich auf die besonderen Eigenschaften oder Eigenheiten eines Charakters stützt. Zum Beispiel könnte ein Witz über einen besonders schlauen Fuchs oder einen komischen Kater gemacht werden.

WITZ-GENERATOR-SEITE

Willkommen auf der Witz-Generator-Seite! Hier kannst du deine eigenen Witze erstellen und üben. Es ist ganz einfach, und du wirst sehen, wie viel Spaß es macht, kreativ zu werden.

So funktioniert's:

1. **Witzidee sammeln**: Überlege dir ein lustiges Thema oder eine Situation, die dir gefällt. Vielleicht ein Tier, ein Beruf oder ein alltägliches Ereignis.

2. **Die Struktur finden**: Die meisten Witze haben eine Struktur, die aus einem Setup und einem Punchline besteht. Das Setup bereitet die Situation vor, und die Punchline bringt die Überraschung oder den Humor.

   - **Setup**: Was ist die Ausgangssituation?
   - **Punchline**: Was ist die überraschende Wendung oder der lustige Teil?

3. **Deinen Witz aufschreiben**: Schreibe deine Idee in die vorgesehenen Kästchen und probiere verschiedene Punchlines aus, bis du diejenige findest, die dich am meisten zum Lachen bringt!

Beispiel:

- **Setup**: Was macht eine Katze in der Küche?
- **Punchline**: Sie schleicht sich an den „Käse“-Schrank!

PLATZ FÜR DEINE WITZE:

PLATZ FÜR DEINE WITZE:

SCHLUSSWORT

LIEBE KINDER,

das war ein großer Spaß, zusammen durch all die lustigen Weihnachtswitze und Geschichten zu stöbern! Ein riesiges Dankeschön an euch, dass ihr so fleißig mitgelesen und mitgelacht habt. Weihnachten ist eine Zeit voller Freude und Lachen, und es freut mich, wenn dieses Buch dazu beigetragen hat, noch mehr Spaß und gute Laune in die festlichen Tage zu bringen.

Jetzt ist es an der Zeit, die Weihnachtszeit mit noch mehr Lächeln zu genießen. Vielleicht habt ihr ja eigene Witze oder lustige Ideen, die ihr bei euren Feiern einbringen könnt. Denn Weihnachten macht noch mehr Spaß, wenn alle zusammen lachen!

Wenn euch dieses Buch gefallen hat, dann dürfen schon jetzt die nächsten Bücher mit noch mehr lustigen Geschichten und Witzen erwartet werden. Und denkt daran: Jeder kann einen tollen Witz erfinden! Vielleicht kommt ja sogar der nächste große Weihnachtswitz von euch.

Zum Abschluss gibt's noch einen letzten Witz für euch:

Warum konnte der Schneemann seine Lieblings-Weihnachtsmusik nicht hören?

Weil er die „Schneebälle" nicht finden konnte!

Viel Spaß und frohe Weihnachten!

LIEBE ERWACHSENE,

wenn dieses Buch euch gefallen hat, wäre es großartig, wenn ihr ein wenig von eurem Spaß und euren Gedanken auf Amazon oder anderen Plattformen teilen könntet. Euer positives Feedback ist nicht nur eine wertvolle Hilfe für andere Leser, die nach unterhaltsamen Büchern suchen, sondern unterstützt auch die Erstellung weiterer lustiger Bücher. Ein herzliches Dankeschön für den Kauf und viel Freude beim Weitererzählen und Lachen!

Frohe Weihnachten und alles Gute!

IMPRESSUM

Alina Wünsche wird vertreten durch:

Sebastian Wünsche

Bahnhofstraße 20

02742 Neusalza-Spremberg

Email: Buchwurm-Piraten@web.de

Instagram: Buchwurmpiraten

Facebook: https://www.facebook.com/Buchwurmpiraten